Angela Scherzinger

Festlicher Schmuck

für Advent und Weihnachten

Urania-Ravensburger

Die Deutsche Bibliothek – CIP – Einheitsaufnahme
Festlicher Schmuck für Advent und Weihnachten /
Angela Scherzinger. – Berlin : Urania-Ravensburger, 1998
ISBN 3-332-00699-1

Umschlaggestaltung: Ekkehard Drechsel BDG
Fotos: Thomas Weiss
Zeichnungen: Hans Zierenberg
Gesamtherstellung: Magdeburger Druckerei
Printed in Germany
01 00 99 98 4 3 2 1
ISBN 3-332-00699-1

Inhalt

Einleitung

Die Zeit der kurzen, neblig-trüben Tage und der langen Abende ist für viele von uns mit dem Wunsch nach einer besonders heimeligen Atmosphäre zu Hause verbunden. Und da dies ja gleichzeitig die Zeit vor Weihnachten ist, verbindet sich dieser Wunsch auch mit der Vorstellung von Kerzenschein, von Duft nach Tannengrün und Lebkuchengewürz.
Was liegt also näher, als diesem Verlangen nachzugeben! Beginnen wir mit dem vorweihnachtlichen Schmücken der eigenen vier Wände. Dieses Buch soll Anregungen dazu geben, wie man floristischen Advents- und Weihnachtsschmuck abwechslungsreich und individuell gestalten kann. Der Schwerpunkt liegt dabei auf Adventskränzen und Gestecken. Mit ein wenig Geschick kann sie jeder ohne Schwierigkeiten nacharbeiten – und selbstverständlich auch nach eigenem Geschmack und eigener Fantasie variieren. Doch bleiben die weihnachtlichen Gestaltungsmöglichkeiten keinesfalls auf diese beiden Formen beschränkt. So kann man schon mit sparsamsten Mitteln – etwa einem Mistelzweig, mit hübschem Band an Tür oder Fenster aufgehängt, oder einem schnell zusammengestellten Arrangement von Tannenzapfen, Äpfeln, Nüssen usw. in einer flachen Schale – vorweihnachtliche Stimmung verbreiten. Lassen Sie sich also durch dieses Buch auch zu eigenen Kreationen anregen!

Die außergewöhnliche Form der Schale unterstreicht die gelungene Komposition verschiedener Grünarten und schmückender Zutaten aus der Natur.

Material und Werkzeug

Grünmaterial

Hauptmaterial aller Kränze und Gestecke ist das jeweils verwendete Grün. Das muß nicht immer nur Fichte oder Tanne sein, auch die langnadelige Kiefer oder aber Zweige von immergrünen Gewächsen, wie Wacholder, Zypresse, Thuja, Buchsbaum oder Eibe, sind ein ideales Grundmaterial. Zur Auflockerung kann winterhartes Blattgrün, zum Beispiel Stechpalme (Ilex) oder Efeu, mitverwendet werden.

Schmuck aus der Natur

Zum Dekorieren des vorweihnachtlichen Raumschmucks eignen sich viele Dinge, die man bei Streifzügen durch die Natur, vorwiegend im Spätsommer und im frühen Herbst, findet: Blüten- und Fruchtstände, einzelne, zum Trocknen geeignete Blüten, Zapfen, Gräser, bizarr gewachsene Wurzelstücke, kleine Zweige. Übrigens: die Betonung liegt hier auf „finden“; wir wollen keineswegs dazu anregen, die Natur zu „plündern“, gedankenlos Zweige abzubrechen, seltene Blumen zu pflücken, etwas herauszurupfen. Und wer einen eigenen Garten besitzt, sollte sich erst einmal dort umschauen.

Zum Trocknen sollten Blüten und Fruchtstände immer am Stielende aufgehängt werden, also mit dem Kopf nach unten. Zapfen brauchen einen warmen und trockenen Aufbewahrungsort.

Dekorationsmaterial aus dem Blumengeschäft

Wer nicht die Gelegenheit hat, die schmückenden Zutaten selbst zu sammeln, findet Zapfen, Nüsse und andere Naturprodukte, oft schon vergoldet, auch im

Neben Tanne und Fichte werden mehr und mehr auch immergrüne Arten verwendet, wie Wacholder und Zypresse. Sie haben den Vorteil, daß sie nicht nadeln.

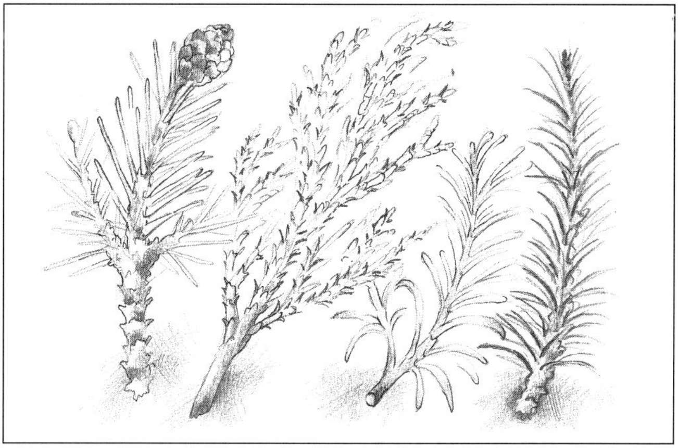

Winterhartes Blattgrün, wie Buchsbaum, Stechpalme (Ilex) und Efeu, dient zum Auflockern und Schmücken. Besonders gut läßt es sich mit Koniferen mischen.

Zapfen sind ein sehr dekorativer Schmuck. Zu den meistverwendeten Arten zählen Kiefern-, Zypressen- und Lärchenzapfen. Auch beim Kapgrün findet man oft hübsche Zapfenzweige.

Fachhandel (Blumen- und Bastelgeschäfte). Außerdem eine Fülle anderer dekorativer Dinge, wie Perlen, Kugeln, künstliche Früchte und Weihnachtsketten. Der Blumenfachhandel hält zudem eine ganze Reihe sehr dekorativer, teilweise recht exotisch wirkender Trockenmaterialien bereit. Hinter dem Namen „Kapgrün" beispielsweise verbergen sich die unterschiedlichsten Blüten- und Grünzweige, getrocknet und oft auch gefärbt, die man im Bund oder einzeln kaufen kann. Sie kommen, wie auch die in diesem Buch verwendeten Bärengräser, Beaucarneablätter, Kugel- und Golddisteln, aus dem Ausland.

Hilfsmaterialien

Zum Herstellen der Kränze und Gestecke benötigt man einige Hilfsmaterialien: Wickeldraht zum Binden, Steckdraht (in verschiedenen Stärken) zum Andrahten von Schmuck und Grün. Mit Bouillondraht kann man den Steckdraht attraktiv „verkleiden", wenn dieser an sichtbarer Stelle angebracht werden muß.
Für Gestecke gibt es ziegelförmige Steckunterlagen aus Kunststoff, die dann auf die für das jeweilige Steckgefäß notwendige Größe zurechtgeschnitten werden. Pinhalter dienen zur Befestigung der Steckmasse im Gefäß, zum Befestigen des Pinhalters wiederum gibt es ein spezielles Klebeband. Aus dem gleichen Material wie die Steckunterlagen kann man auch Kranzunterlagen fertig kaufen. Wer diese – leider FCKW-haltigen – Kunststoffunterlagen nicht verwenden will, kann auch auf Naturmaterialien zurückgreifen. Für Gestecke eignen sich Unterlagen aus Moos, Steine können zusätzlich zum Füllen dienen. Für Kränze kann man einen Drahtreifen mit Moos umwickeln oder einen fertigen Strohkranz kaufen.

Werkzeuge

Für viele Arbeiten, wie das Anspitzen von Zweigen, reicht ein scharfes Küchenmesser. Eine Gartenschere empfiehlt sich zum Schneiden von Zweigen, eine Drahtschere (oder Kombizange) zum Kürzen von Steck- und Wickeldraht. Eine Flachzange ist beim Andrahten von Kerzen sehr hilfreich. Mit einer Klebepistole, die es in Heimwerkermärkten schon günstig zu kaufen gibt, kann man sich in vielen Fällen das Andrahten ersparen.

Mit dem richtigen Werkzeug geht die Arbeit leicht von der Hand. Die Klebepistole erspart zwar oft das Andrahten, ist aber nicht unbedingt erforderlich.

Das Andrahten

Dekorationsmaterial andrahten

Um die zur Dekoration verwendeten Materialien am Adventskranz oder im Gesteck befestigen zu können, müssen sie angedrahtet werden. Ob nun Zapfen, Trockenblumen oder -früchte, Fruchtstände, Zimtstangen, Perlen oder Schleifen – alles wird, einzeln oder zu mehreren, an einem Stück Steckdraht befestigt, dessen langes Ende dann wiederum zum Einstecken im Kranz oder im Gesteck dient. Je nach Material verwendet man unterschiedlich starken Draht.

Andrahten kleiner Zweige

Auch Zweige des verwendeten Grüns können angedrahtet werden. Zu Büscheln zusammengenommen, ergeben sie ein hervorragendes Füllmaterial. Die Zweige für jeweils ein Büschel, das fächerförmig oder wie ein Pinsel aussehen kann, werden dazu in die linke Hand genommen; der Steckdraht wird an einem Ende mit dem Büschel zusammen festgehalten und mit der rechten Hand zwei- oder dreimal fest um das Büschel gewunden. Dabei sollte man darauf achten, daß genügend Restdraht zum Stecken bleibt.

Kerzen andrahten

Kerzen befestigt man ebenfalls mit Hilfe von Steckdraht, dessen Stärke durch Kerzen- und Kranzdicke bestimmt wird. Es empfiehlt sich, die Kerzen vor dem Andrahten für einige Stunden in einem warmen Raum zu lagern, damit das Wachs nicht zu brüchig ist. Mit einer Flachzange hält man den Draht in der rechten Hand und schiebt ihn so tief in die Standfläche der Kerze hinein, bis er fest darin verankert ist.

Beim Andrahten eines Grünbüschels hält man die zurechtgeschnittenen Zweige in der linken Hand zusammen und wickelt den Draht mehrere Male um die Stiele.

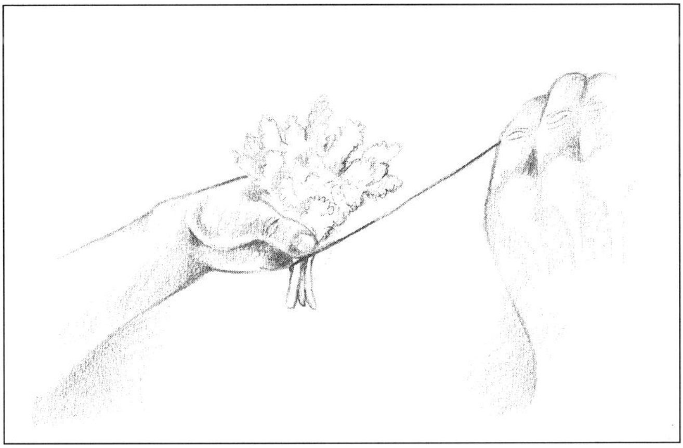

Blätter, Blüten, Trockenzweige, Fruchtstände, kleine Grünzweige, Bänder – alle zur Dekoration verwendeten Materialien, ob einzeln oder zu mehreren, müssen angedrahtet werden. Dabei muß ein ausreichend langes Drahtstück mit eingeplant werden, um sie im Kranz oder Gesteck gut befestigen zu können. Schmuckband, das asymmetrisch auf einem Kranz angeordnet werden soll, wird wie unten gezeigt angedrahtet.

Der Tischkranz

Grundmaterial für einen Tischkranz: Strohreifen oder selbstgefertigte Unterlage aus Drahtreifen und Moos, Grün nach Wahl.

Der Tischkranz ist die beliebteste Form des Adventsschmucks. Während der herkömmliche Kranz immer aus Tanne oder Fichte gebunden war, werden heute die unterschiedlichsten Grünarten verwendet: Eibe, Thuja, verschiedene Wacholderarten, Zypresse, aber auch winterhartes Blattwerk wie Buchs, Efeu oder Stechpalme (Ilex), oder gar Moose und Flechten. Jedes Material weist eine andere Struktur auf, so daß je nach verwendetem Grün die Kränze sehr unterschiedlich aussehen: der eine gleichmäßig rund und weich, der andere „stachelig" und ein bißchen bizarr. Durch das Mischen verschiedener Grünarten können sehr reizvolle Kontraste erzielt werden; solche Kränze wirken oft am besten ohne zusätzlichen Schmuck.
Für den Anfänger ist es jedoch einfacher, nur eine Art Grün zu verwenden. Je nach Reifengröße (Tischkränze haben meist einen Durchmesser von 20 bis 35 cm) werden die Zweige auf 6 bis 10 cm Länge zugeschnitten. Den Wickeldraht befestigt man an der Kranzunterlage. Die vorbereiteten Zweige werden nun von außen nach innen schuppenförmig auf der Unterlage angelegt und festgebunden. Und zwar nur an der Oberseite und an den Seiten; die Unterseite bleibt beim Tischkranz frei.
Damit der Kranz schön rund wird, müssen die einzelnen Zweige exakt aneinandergelegt werden. Unebenheiten können am Schluß durch Einfügen zusätzlicher

Ein Adventskranz muß nicht immer vier Kerzen haben, wie dieser hübsche kleine Tischkranz beweist. Geschmückt ist er vor allem mit Naturmaterialien.

Zweige mit Hilfe von selbstgefertigten Drahtklammern ausgebessert werden. Das Kranzende muß nahtlos in den Kranzanfang übergehen. Dazu hebt man die Zweige am Anfang etwas an, fügt passend geschnittene Zweige ein und bindet den Draht einige Male darüber. Den Wickeldraht dann wieder befestigen, damit sich das Gebundene nicht löst.

So wird der Kranz beim Binden richtig gehalten. Die Zweige werden schuppenförmig übereinandergelegt und jeweils mit Draht festgewickelt.

Kranzanfang und -ende müssen nahtlos ineinander übergehen. Dazu die Zweige am Kranzanfang etwas anheben, Zweige einfügen und umwickeln.

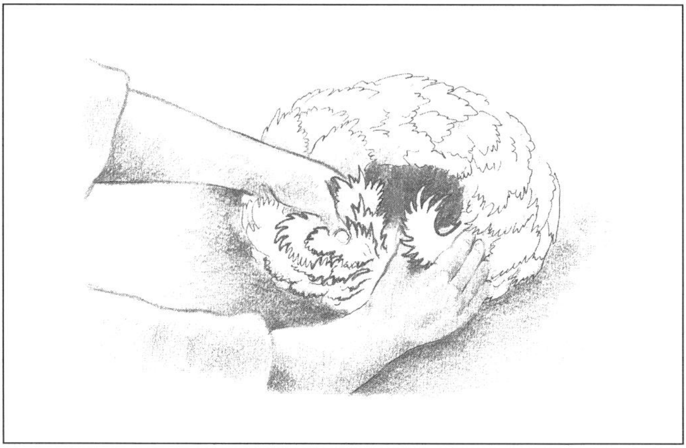

Kleiner Tischkranz mit einer Kerze
(Abb. Seite 13)

Material: Ein etwa 20 bis 25 cm langer, starker Draht als Unterlage, Wickeldraht, Zweige verschiedener Grünarten, 1 Stumpenkerze, Golddisteln, Kapgrün, Metallperlen, Goldband.
Auf den Draht bindet man aus den verschiedenen Grünarten schön dicht eine volle Girlande. Dann werden Anfang und Ende der Girlande verbunden, so daß ein Kranz entsteht. Die Enden werden so ineinandergefügt und mit Wickeldraht festgebunden, daß kein Übergang zu sehen ist. Der so entstandene Kranz muß natürlich noch exakt geformt werden. Die Kerze in der Mitte sollte so dick sein, daß sie die Kranzöffnung vollständig ausfüllt und am Kranz befestigt werden kann. Das geschieht wie folgt: In die Kerze werden, wie auf Seite 19 gezeigt, 3 Drähte gesteckt, die dann nach außen gebogen, durch den Kranz gesteckt und darin verankert werden. Die Drähte müssen natürlich entsprechend lang sein. Zum Schluß werden die einzeln angedrahteten Trockenmaterialien, die Perlen und die Schleifen aus Goldband ringsum angeordnet und befestigt.

Für den kleinen Tischkranz wird die Girlande zu einem Kranz gebogen und an den Enden zusammengefügt. Das Drahtende wird fest im Kranzanfang verankert.

Trockenblumen – blaugrüne Hortensien und violetter Strandflieder – und schilfartiges Bärengras bestimmen das Erscheinungsbild dieses Tischkranzes in Lila.

Bei diesem Kranz fällt die farbliche Übereinstimmung des Schmucks und der Kerzen mit dem blauschimmernden Wacholder des Kranzes ins Auge.

Üppiger Kranz mit Trockenblumen
(Abb. Seite 16)

Material: Kranzkörper aus Wacholdergrün, 4 lange, konisch geformte lila Kerzen, grünblaue getrocknete Hortensien, getrocknete Statice, vergoldete Ilexblätter, blaulila gefärbtes Bärengras.
Zuerst werden die Kerzen angedrahtet und fest in den Kranz gesteckt. Die angedrahteten Hortensien und die Staticebüschel (Statice, wohl besser bekannt als Strandflieder, ist im Blumengeschäft erhältlich) werden abwechselnd auf dem Kranz verteilt und befestigt, die Goldblätter dazwischengesteckt. Die schilfartigen Gräser (man erhält sie, bereits gefärbt, ebenfalls im Blumengeschäft) werden, offen oder zu Bögen angedrahtet, ringsherum in den Kranz gesteckt.

Kranz aus blauschimmerndem Wacholder
(Abb. Seite 17)

Material: Kranzkörper aus blauschimmerndem Wacholder, 4 blaue Kerzen, zusätzliche Zweige des verwendeten Grüns, Kapgrün, Trockenfrüchte, Schachtelhalm, flache Perlen, Steckdraht zum Auffädeln.
Hier konzentriert sich der Schmuck auf einer Seite, entsprechend ungleichmäßig sind die Kerzen auf dem Kranz plaziert. Wacholderzweige und Kapgrün werden an einer Stelle in den Kranz gesteckt und mit den angedrahteten Trockenfrüchten verziert. Die flachen Perlen und der in längere Stücke geschnittene Schachtelhalm (im Blumenfachgeschäft erhältlich) werden zu einer Kette aufgereiht, die locker rings um den Kranz dekoriert wird. Wichtiges Gestaltungselement sind die unterschiedlichen Blautöne der verwendeten Materialien, angefangen beim blauschimmernden Wacholder über die schmückenden Zutaten bis hin zu den Kerzen.

Schilfartige Gräser, wie z. B. Bärengras, können – zu mehreren zusammengefaßt – an beiden Enden angedrahtet und in Bögen in den Kranz gesteckt werden, wie bei dem Kranz auf Seite 16.

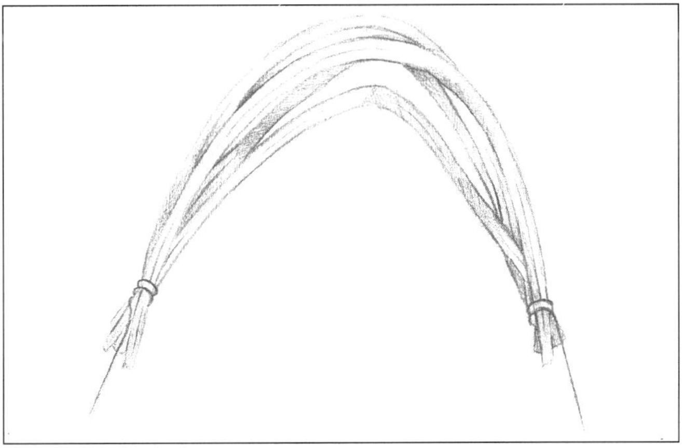

So werden Kerzen angedrahtet: Mit einer Flachzange den Draht festhalten und Stück für Stück so tief in die Standfläche der Kerze hineinschieben, bis er festsitzt.

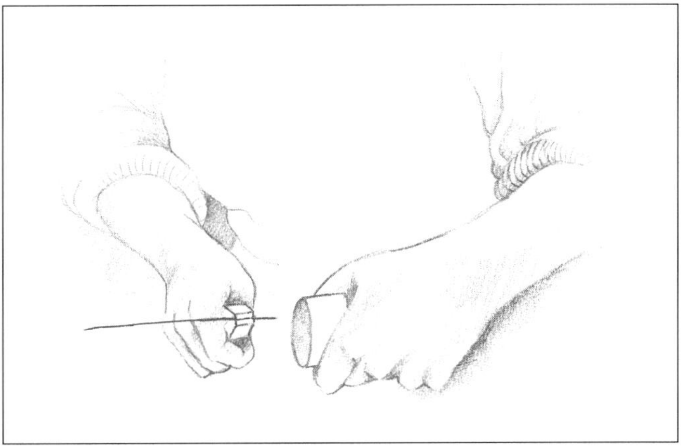

Die angedrahteten Kerzen werden in den Kranz gesteckt. Dicke Kerzen brauchen 2 bis 3 Drähte, damit sie fest und sicher stehen.

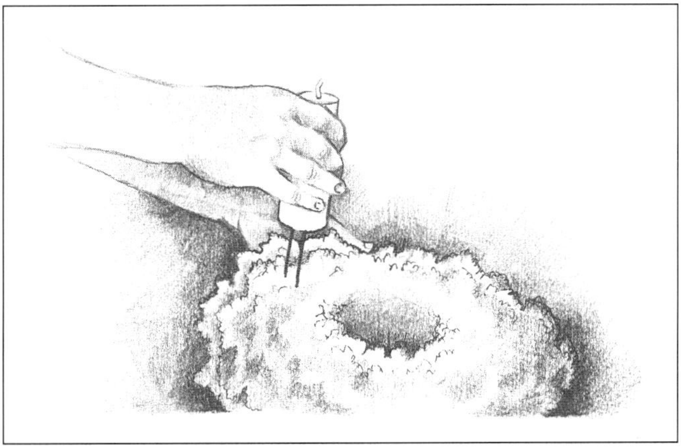

Sparsam dekoriert, doch sehr wirkungsvoll. Auch hier unterstreicht das sehr schöne Blau der Kerzen und Schleifen den blauen Schimmer des Wacholders.

Ungewöhnlich und leicht extravagant, so läßt sich dieser Tischkranz am besten beschreiben. Blau ist auch hier die vorherrschende Farbe.

Blauer Advents-kranz mit Porzellanperlen
(Abb. Seite 20)

Material: Kranzkörper aus Wacholder, 4 blaue Kerzen, gleichfarbenes Satinband, bemalte Porzellanperlen verschiedener Größe, Schachtelhalm, Steckdraht zum Auffädeln.
Durch die Verwendung der mit bäuerlichen Rosenmotiven bemalten Perlen paßt dieser Kranz besonders gut zu einer Einrichtung im ländlichen Stil.
Die Kerzen werden hier in gleichen Abständen in den Kranz gesteckt. Diese strenge Anordnung kann durch den locker-spielerischen Einsatz des Schmucks gemildert werden. Aus dem Satinband werden Schleifen gebunden, diese dann angedrahtet und an beliebigen Stellen in den Kranz gesteckt. Die verschieden großen Porzellanperlen sind hier, im Wechsel mit den Zwischenstücken aus Schachtelhalm, auf einen Steckdraht gefädelt; Anfang und Ende des Drahts werden im Kranz festgesteckt. Statt des Drahts kann man natürlich auch eine Schnur verwenden und deren Enden dann mit Draht im Kranz befestigen.

Ein Moosreifen kann ebenfalls als Kranzunterlage dienen. Das Moos wird gleichmäßig um den Drahtreif gelegt und fest mit Draht umwickelt.

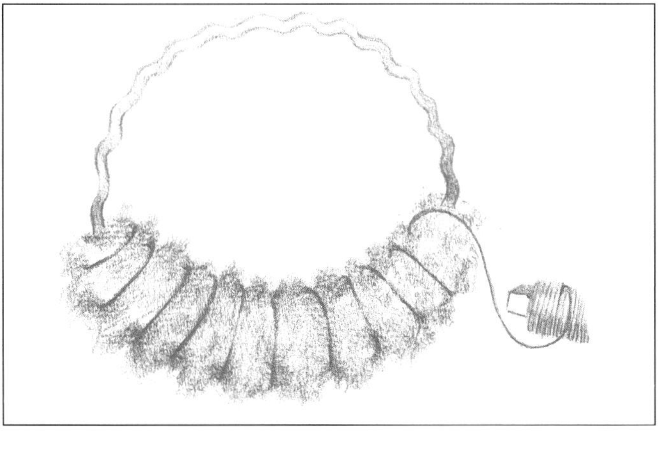

Blauer Adventskranz mit Metallkette

(Abb. Seite 21)

Material: Kranzkörper aus bläulich schimmernder Zypresse, 1 blaue Kugelkerze, 3 gleichfarbene lange, konisch geformte Kerzen, 1 blauer Bruniazweig (Kapgrün), blaugefärbte Beaucarneablätter, Metallplättchen und Metallzwischenstücke, Steckdraht zum Auffädeln.

Durch das vorherrschende Blau und die verwendeten „kühlen“ Materialien wirkt dieser Tischkranz eher sachlich und ein bißchen extravagant, passend für modern eingerichtete Räume. Die asymmetrische Anordnung der unterschiedlichen Kerzen läßt eine etwas ungewöhnliche Gestaltung zu. Der exotisch wirkende Bruniazweig mit seinen blauen Blütenköpfen paßt sich, leicht gebogen, der Rundung des Kranzes an, die sich hübsch ringelnden, gefärbten Beaucarneablätter (beide Trockenmaterialien erhält man im Blumengeschäft) werden dekorativ mit dem Kranz verschlungen. Die Metallplättchen und -röhrchen (aus dem Bastelgeschäft) fädelt man auf Steckdraht. Diese Kette wird zum Schluß über das Arrangement gelegt und an den Enden im Kranz befestigt.

Ein bunter, lustiger Kranz, wie ihn vor allem Kinder mögen; sie lassen es sich bestimmt auch nicht nehmen, die bunten Ketten dafür aufzufädeln.

Festlichen Glanz verleihen diesem Kranz aus Wacholder die vergoldeten Ilexblätter, die Golddisteln und vor allem das metallisch glitzernde, bemalte Band.

Bunter Kranz mit Stumpenkerzen

(Abb. Seite 24)

Material: Kranzkörper aus Douglastanne, 4 rote Stumpenkerzen, 3 schmale, gefärbte Lederbänder, flache bunte Perlen, Schachtelhalm.

Die dicken Stumpenkerzen sollten gut angedrahtet sein (3 Drähte für jede Kerze), um sie fest und sicher im Kranz befestigen zu können. Nach dem Anbringen der Kerzen fädelt man die Perlen auf die Lederbänder; damit die Ketten schön bunt und abwechslungsreich aussehen, gruppiert man einige Perlen der gleichen Farbe, macht einen Knoten in das Band, läßt eine weitere Perlengruppe folgen, usw. Die Perlen nur locker auffädeln, so daß auch das Lederband dazwischen sichtbar bleibt.

Der Schachtelhalm wird in unterschiedlich lange Stücke geschnitten, einzeln oder zu mehreren angedrahtet und dekorativ auf dem Kranz angeordnet und befestigt. Die bunten Ketten werden um die Kerzen, den Schachtelhalm und um den Kranz herumgeschlungen.

Festlicher Kranz mit Bienenwachskerzen

(Abb. Seite 25)

Material: Kranzkörper aus Wacholder, 4 Bienenwachskerzen, Golddisteln, vergoldete Ilexblätter, breites, metallisch glitzerndes Band.

Zuerst die angedrahteten Kerzen auf dem Kranz befestigen. Beim Andrahten der stacheligen Golddisteln und Ilexblätter (beides bekommt man im Blumenfachgeschäft) sollten Sie unbedingt Arbeitshandschuhe tragen. Wer eine Klebepistole besitzt, könnte bei den Disteln auf das Andrahten verzichten und sie im Kranz festkleben. Dazu wird auf der Unterseite, jeweils am Stielende und an den Blättern, Kleber aufgetragen, die Disteln dann vorsichtig in den Kranz einfgefügt und leicht festgedrückt. Das Tragen von

Arbeitshandschuhen ist allerdings auch bei dieser Methode zu empfehlen. Die Ilexblätter lassen sich etwas leichter andrahten als die Disteln und können so auch besser im Kranz befestigt werden.
Das Glitzerband wird, nicht zu üppig, auf dem Kranz drapiert, an einigen Stellen gerafft und mit Draht festgesteckt. Die angedrahteten Enden verschwinden an der Kranzunterseite und werden dort befestigt.

Eine angedrahtete Schleife. Um die Bindestelle werden nach dem Andrahten die – entsprechend langen – Enden der Schleife gewunden und verknotet, damit man den Draht nicht sieht.

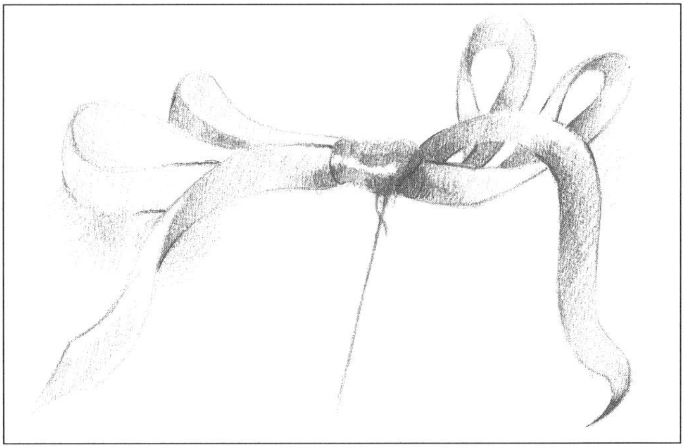

Vergoldete Blätter und Golddisteln, einzeln angedrahtet und zwischen das Grundmaterial gesteckt, sorgen für festlichen Glanz.

Ein farbenfroher, nach Früchten und Bienenwachs duftender Kranz, dessen einziger Schmuck die „nahrhaften" Girlanden aus Trockenfrüchten sind.

Aus den Zweigen einer seltenen Zypressenart wurde dieser Kranz geflochten. Das metallisch schimmernde Band unterstreicht die Wirkung des edlen Grüns.

Wacholderkranz mit Früchten
(Abb. Seite 28)

Material: Kranzkörper aus Wacholder, 4 Bienenwachskerzen, Steckdraht für die Spießchen, verschiedene Trockenfrüchte, einige verschieden große Perlen, Schachtelhalm.
Wie immer, werden zuerst die vorher angedrahteten Kerzen im Kranz festgesteckt. Dann werden die „Spießchen" mit den Trockenfrüchten angefertigt. Dazu benötigt man entsprechend langen Steckdraht (die 3 Spießchen können unterschiedlich lang sein), auf den dann abwechselnd die Trockenfrüchte (z. B. Trockenpflaumen, -aprikosen, -birnen), die Perlen und der in Stücke geschnittene Schachtelhalm gesteckt werden. Der Schachtelhalm wird in diesem Falle nicht wie sonst aufgefädelt, sondern seitlich durchstochen. Jeweils zwischen die Früchte gefädelt, verhindert er, daß diese zusammenkleben. Die fertigen Spießchen werden unregelmäßig auf dem Kranz verteilt und an den Enden im Kranz befestigt.

Kranz aus blaugrüner Zypresse
(Abb. Seite 29)

Material: Kranzkörper aus blaugrüner Zypresse, 4 weinrote Kerzen, metallisch schimmerndes, mehrfarbiges breites Band, einige Zimtstangen, Bouillondraht, Trockenfrüchte.
Das Grün für diesen Kranz stammt von einer sehr seltenen Zypressenart; es kann selbstverständlich durch ein weniger edles und leichter erhältliches Zypressengrün ersetzt werden. Die verwendeten „Zutaten", Zimt und Trockenfrüchte, sorgen im Verein mit dem Zypressengrün für eine wahrhaft festliche Duftkomposition.
Nachdem die Kerzen auf dem Kranz befestigt wurden, ordnet man das Band darauf an, und zwar

so, daß es nicht zu gleichmäßig verteilt wirkt. In die Zwischenräume steckt man die angedrahteten Trockenfrüchte und die Zimtstangen. Da bei letzteren der Draht zum Befestigen nur sichtbar angebracht werden kann (er wird um die Zimtstange herumgewickelt), überzieht man ihn vorher mit einem Stück gold- oder silberfarbenem Bouillondraht.

Solche „Spießchen" kann man ganz nach Belieben zusammenstellen: Hier wurden Trockenfrüchte, Perlen und Schachtelhalmstücke auf einen Steckdraht gefädelt.

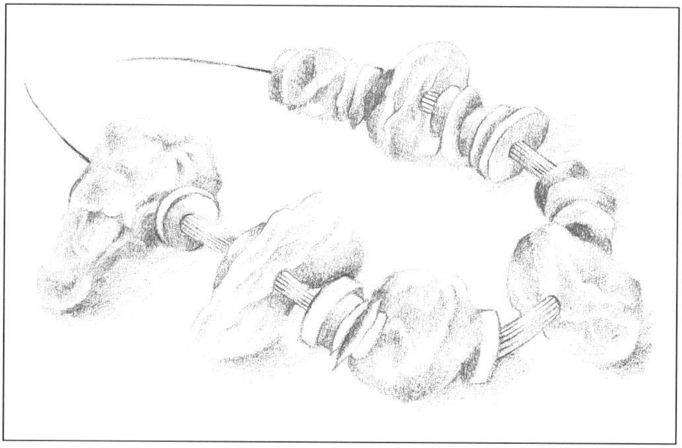

Hier wurde der Steckdraht mit (gold- oder silberfarbenem) Bouillondraht überzogen. Das empfiehlt sich immer dort, wo der Draht zum Befestigen sichtbar bleibt.

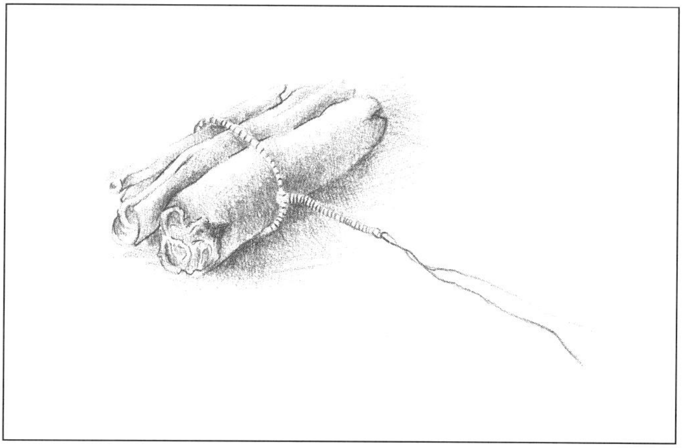

Der Hängekranz

Grundmaterial für einen Hängekranz: Stabile Strohunterlage, Wickeldraht, Grün nach Wahl.

Einen Hängekranz zu binden erfordert viel Zeit und Material. Denn anders als beim Tischkranz, wo die Unterseite frei bleibt, ist der Hängekranz „rundgebunden". Wichtiger als beim Tischkranz ist auch die Wahl der Kranzunterlage. Sie muß vor allem stabil sein, damit der Kranz sich gut aufhängen läßt und später nicht durchhängt. Am besten eignet sich ein fertig gekaufter Strohreifen.

Bei dem verwendeten Grün setzen sich heute immer mehr auch solche Arten durch, die nicht nadeln und haltbarer sind als die früher hauptsächlich verwendete Tanne. Das Grün wird je nach Kranzdurchmesser auf etwa 10 bis 18 cm Länge geschnitten. Man beginnt wie beim Tischkranz: Zuerst wird der Wickeldraht am Strohreifen befestigt, dann werden, von außen nach innen, Zweige auf die Unterlage gelegt und der Wickeldraht zweimal fest darübergebunden. Wobei für außen längere, für die Innenseite kürzere Zweige gewählt werden. Jetzt wird der Strohreifen umgedreht und auf die Rückseite eine Reihe Grün gebunden. Man bindet also immer im Wechsel von Oberseite und Unterseite. Die Abschlußarbeiten sind dann wieder die gleichen wie beim Tischkranz.

Zum Aufhängen nimmt man ein festes, breites Band, am besten ein gewebtes. Wenn der Kranz (von 50 bis 70 cm Durchmesser) etwa 1,50 m von der Decke hängen soll, braucht man 8 bis 12 m Band: viermal

Sehr wirkungsvoll, doch leicht nachzuarbeiten ist dieser „rote“ Hängekranz. Sehr dekorativ auch die mit Zuckerguß überzogenen, duftenden Zimtsterne.

die Länge vom Kranz zur Decke à 1,50 m, viermal 0,50 m für das Umbinden des Kranzkörpers, und zusätzlich jeweils 1 m, wenn an der Oberseite des Kranzes Schleifen gebunden werden sollen. Das Band in der berechneten Gesamtlänge schneidet man in zwei gleichlange Teile. Mit einem Ende des ersten Bandes umbindet man den Kranzkörper und verknotet es an der Oberfläche; das andere Ende wird in der gleichen Weise auf der gegenüberliegenden Seite befestigt. Spätestens hier benötigt man einen Helfer! Denn damit der Kranz nachher nicht schief hängt, sollte das zweite Band erst endgültig festgeknotet werden, wenn der Kranz bereits hängt.

Beim rundgebundenen Hängekranz wird zuerst eine Reihe Grün auf die Oberseite des Strohreifens gebunden.

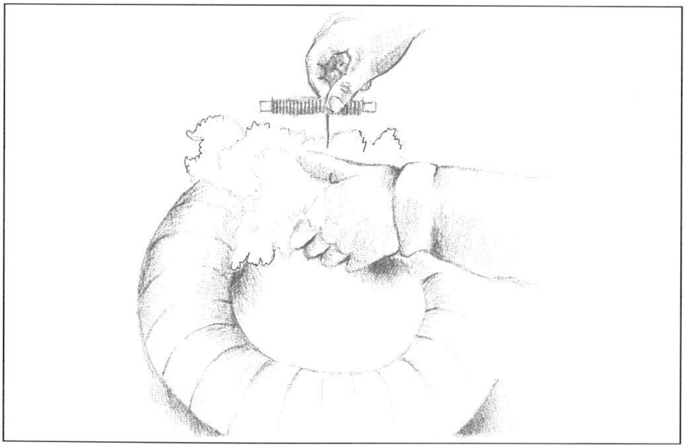

Dann wird der Kranz umgedreht und eine Reihe Grün auf die Unterseite gebunden. Reihe für Reihe wird der Kranz so vervollständigt: erst oben binden, umdrehen, dann von unten die Reihe Grün schließen.

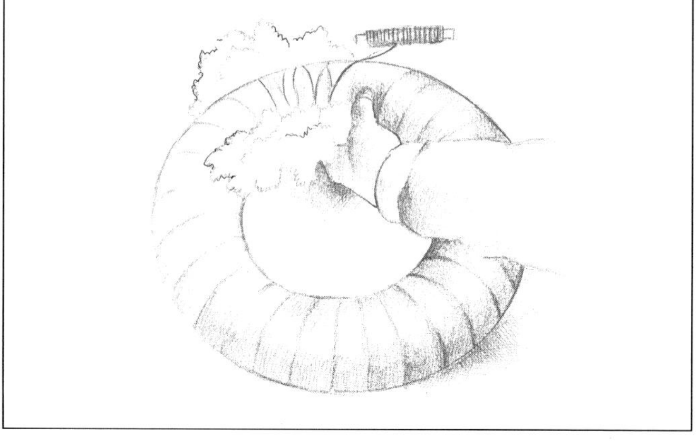

Hängekranz in Rot

(Abb. Seite 33)

Material: Kranzkörper aus bläulich schimmernder Zypresse, rotes breites Satinband zum Aufhängen des Kranzes, 4 rote Kerzen, rotrindige Hartriegelzweige, Zimtsterne, schmales rotes Band zum Aufhängen der Bündel und der Zimtsterne.

Der fertig gebundene Kranz wird, wie auf Seite 34 beschrieben, zuerst aufgehängt, dann die angedrahteten Kerzen darin festgesteckt. Die Hartriegelzweige faßt man zu kleinen Bündeln zusammen, ähnlich wie Nikolausruten, und schneidet sie an den Enden sauber und gerade ab. Einige der Bündel knotet man in Abständen in das schmale rote Band, das dann am Deckenhaken befestigt wird und in der Mitte des Kranzes hängt. Weitere Bündel steckt man unterhalb der Kerzen in den Kranz. Zum Schluß wird ein Teil der Zimtsterne an unterschiedlich langen, schmalen roten Bändern über den Deckenhaken gehängt, die restlichen Zimststerne hängt man an roten Bändern über die Hartriegel-Bündelchen.

Zu kleinen Bündeln zusammengefaßte Zweige, z. B. von rotrindigem Hartriegel, können ein sehr dekorativer Schmuck sein.

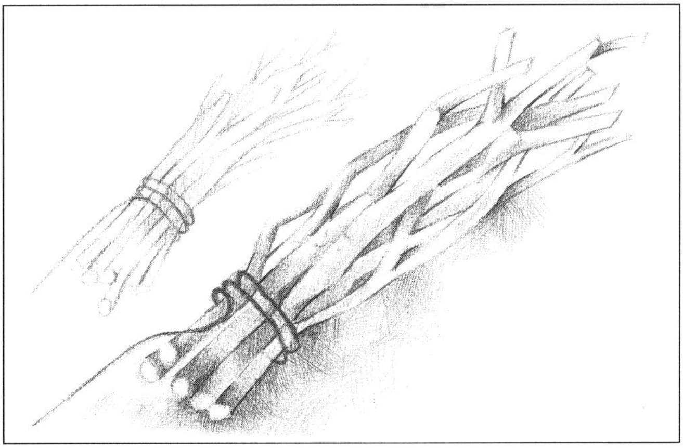

Leicht exotisch wirkt dieser Kranz durch die langen, gefärbten Strelitzienblätter. Sie haben den gleichen Farbton wie die Beeren der Schlehenzweige.

Warme Gelbtöne herrschen bei diesem „süß" dekorierten Kranz vor. Die üppigen Früchteketten und die Bienenwachskerzen verströmen weihnachtlichen Duft.

Kranz in Lila, leicht exotisch
(Abb. Seite 36)

Material: Kranzkörper aus Squarosa (eine Wacholderart), lilafarbenes breites Satinband, 4 gleichfarbene Stumpenkerzen, Blätter von weiß-grünem, großblättrigem Efeu, 4 gefärbte Strelitzienblätter, Schlehenzweige mit Beeren (ersatzweise auch lilagefärbte Bruniazweige).
Der fertige Kranz wird nach Anleitung auf Seite 34 aufgehängt, die Kerzen darin festgesteckt. Die Efeublätter werden angedrahtet und in derselben Richtung wie das gebundene Grün in den Kranz gesteckt. Die Strelitzienblätter, jeweils an beiden Enden angedrahtet, faltet man einmal der Länge nach und steckt sie seitlich rundherum in den Kranz. Die zurechtgeschnittenen Schlehenzweige werden zu 4 Bündeln zusammengenommen und geschnitten (ähnlich wie die Hartriegelzweige beim Kranz auf Seite 33), mit starkem Draht versehen und über den Strelitzienblättern unterhalb der Kerzen im Kranz befestigt.

„Süßer" Kranz in Gelb
(Abb. Seite 37)

Material: Kranzkörper aus Douglastanne, goldfarbenes Ripsband zum Aufhängen, 4 Bienenwachskerzen, verschiedene Trockenfrüchte, Holzperlen, Schachtelhalm, Steckdraht zum Auffädeln.
Ein bißchen Zeit braucht man beim Gestalten dieses Hängekranzes schon, denn das Auffädeln der Früchteketten und -girlanden ist recht aufwendig. Andererseits macht das Kombinieren der verschiedenen Früchte, Perlen und Schachtelhalmstücke aber auch viel Spaß. Natürlich kann man nach eigener Fantasie mit anderen Materialien variieren. Die 3 unterschiedlich langen, fertigen Ketten befestigt man am Deckenhaken, so daß sie dekorativ in der Mitte des Kranzes hängen. Für den Kranz selbst fertigt man 4 kurze Girlanden und steckt sie jeweils unterhalb der Kerzen im Kranz fest.
Der Kranz wurde natürlich vorher mit dem goldfarbenen Ripsband aufgehängt, die angedrahteten Kerzen darin festgesteckt.

Das Gesteck

Grundmaterial für ein Gesteck: Steckgefäß nach Wahl, Trockensteckmasse, bei flachen Schalen Pinhalter und Klebeband, bei tiefen Gefäßen Steine und Moos zum Füllen, verschiedene Grünarten.

Wie ein Gesteck aussehen wird, hängt in großem Maße von der Wahl des Steckgefäßes ab. Eine flache Schale bietet andere Möglichkeiten der Gestaltung als ein tiefes Gefäß. So kann man beispielsweise durch eine asymmetrische Anordnung der Steckmasse in einem flachen Gefäß sehr reizvolle Effekte erzielen.
In flachen Steckgefäßen muß die Steckmasse gut befestigt werden; das geht am besten mit einem Pinhalter, der mit einem speziell dafür erhältlichen doppelseitigen Klebeband auf den Gefäßboden geklebt wird. Achten Sie darauf, daß Sie bei dieser Arbeit saubere und trockene Hände haben – sonst hält der Klebestreifen nicht. Die Trockensteckmasse wird nach Bedarf zurechtgeschnitten und auf den Pinhalter gesteckt.
Bei tiefen Steckgefäßen schneidet man die Steckmasse entsprechend der Größe des Gefäßes oder auch dessen Öffnung (bei einer Vase zum Beispiel) zurecht. Um ihr im Gefäß den richtigen Halt zu geben, füllt man mit Steinen auf oder stopft Moos in die Zwischenräume.
Man beginnt immer mit einem das spätere Gesteck dominierenden, aufstrebenden Zweig. Er wird schräg angeschnitten und in der Mitte der Steckmasse festgesteckt. Dieser Zweig wird nun mit Grünzweigen und Trockenmaterial „unterbaut".

Ein sehr dekoratives Gesteck nur in Rot und Grün. Die eher sparsame Gestaltung ist durch den Keramikring vorgegeben.

Viele der in jedem Haushalt vorhandenen Blumenvasen geben ideale Gefäße für ein Gesteck ab. Kelchförmige Vasen eignen sich besonders gut.

Ein Gesteck muß richtig „aufgebaut“ sein. Die Skizze zeigt, wie „rispige“, ausschwingende Zweige in unterschiedlichen Längen in Gruppen angeordnet sein sollten und in der Basis, ebenfalls in unterschiedlichen Höhen, die Materialien mit den runden, „ruhigen“ Formen arrangiert werden. So kommt man zu einem harmonischen Ergebnis.

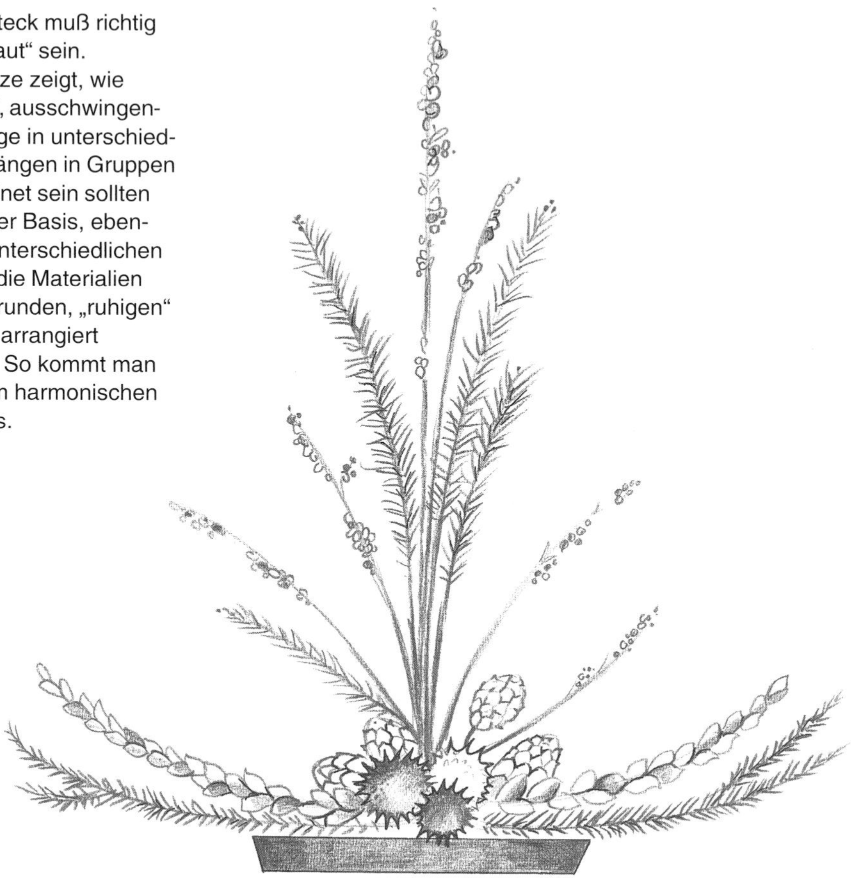

Adventlich gestalteter Keramikring
(Abb. Seite 40)

Material: Keramikring, Steckmasse, 4 Pinhalter, Klebeband, Moos, 4 rote runde Kerzen, verschiedene Grünzweige (Tanne, Kiefer o.ä.), Berberitzenzweige, Kugeldisteln.

Von der Steckmasse 4 in den Keramikring passende Stücke zurechtschneiden und in asymmetrischer Anordnung mit Hilfe von Pinhaltern und Klebeband im Ring befestigen. Die Steckmasse ebenso wie den freigebliebenen Boden des Rings mit Moos bedecken. Die verschiedenen Grünzweige nun so in die Steckmasse stecken, daß sie sich der Rundung des Keramikrings anpassen. Die angedrahteten Kerzen befestigt man auf den Steckunterlagen. Nach außen, aber ebenfalls der Rundung des Rings folgend, laufen die festgesteckten Berberitzenzweige. Die sehr stacheligen Berberitzenzweige (unbedingt Arbeitshandschuhe tragen!) können auch durch kurze Ilexzweige ohne Blätter ersetzt werden. Um die Kerzen herum ordnet man ganz kurze Grünzweige und Kugeldisteln an.

Dekorativ gefüllte Vase
(Abb. Seite 41)

Material: Weiße Porzellanvase, Steckmasse, Moos, Koniferenzweige, 1 dicke weiße Kerze, verschiedene exotische Trockenmaterialien, Schneckenhäuser.
Die auf die Größe der Vase zurechtgeschnittene Steckmasse wird in die Vase gesteckt; falls sie nicht richtig festsitzt, kann der freie Raum mit kleinen Steinen und Moos gefüllt werden. Oben wird die Steckmasse mit Moos abgedeckt. Das Koniferengrün sollte, jeweils ein kurzer und ein langer Zweig im Wechsel, so eingesteckt werden, daß es schön nach außen ausschwingt. Dazwischen ordnet man die exotischen Trockenzweige an (sie können selbstverständlich auch durch hübsche Zweige aus dem eigenen Garten oder aus der Natur ersetzt werden).
In die Mitte kommt die angedrahtete Kerze, um die herum dann noch die Schneckenhäuser, weiteres Trockenmaterial (bei dem abgebildeten Gesteck ist es der gefärbte Fruchtstand einer Palme) und kurze Koniferenbüschel angeordnet werden.

Die schmalen, hohen Kerzen werden von Seidenkieferzweigen umrahmt. Effektvoll auch die sich auf dem Schalenrand schlängelnden Beaucarneablätter.

Dieses Gesteck wirkt durch seine asymmetrische Anordnung. Die Farbe der Kerzen und der Bänder ist auf die hellblau schimmernden Kugeldisteln abgestimmt.

Adventsgesteck mit lila Kerzen

(Abb. Seite 44)

Material: Flache runde, schwarze Schale, Steckmasse, Pinhalter und Klebeband, Seidenkieferzweige, 4 lange, schmale, lilafarbene Kerzen, getrocknete exotische Beerenzweige, Moos, etwas Statice (Strandflieder), gefärbte Beaucarneablätter. Zuerst wird wieder die zurechtgeschnittene Steckmasse mittels Pinhalter und Klebeband auf dem Schalenboden befestigt, dann darauf die angedrahteten Kerzen. Die unterschiedlich langen Seidenkieferzweige sollten so gesteckt werden, daß sie wie natürlich gewachsen aussehen. Längere Beerenzweige kommen dazwischen. An der Basis werden nun kurze Zweige der verschiedenen Materialien, je

Die Zweige werden immer so gesteckt, wie sie wachsen: dem Licht entgegen. Das heißt, eine Zweigunterseite darf niemals nach oben zeigen.

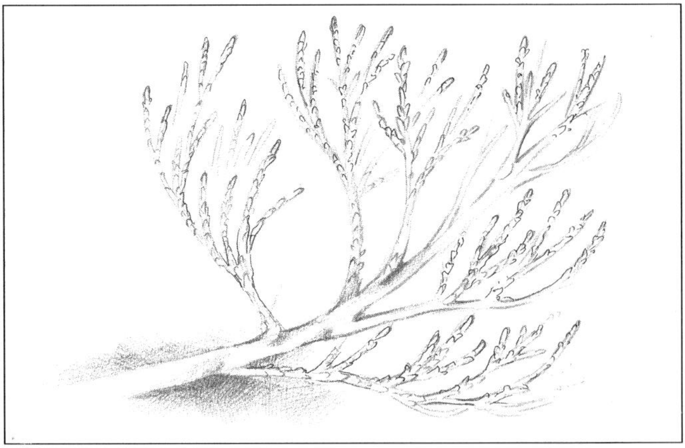

doch auch in unterschiedlicher Höhe, sowie Moos und Statice angeordnet. Zum Schluß verteilt man ringsherum die teils geringelten Beaucarneablätter, die das Gesteck zusätzlich auflockern.

Gesteck in Blau mit zwei Kerzen

(Abb. Seite 45)

Material: Rechteckige Keramikplatte, Steckmasse, Pinhalter, Klebeband, 2 hellblaue, dicke Kerzen, 1 Beerenzweig mit Blättern, verschiedene, möglichst blauschimmernde Grünzweige, bläuliche Kapgrünzweige, Kugeldisteln, Blätter von Kugeldisteln, hellblaues Ripsband, Moos.

Die Steckmasse – so zugeschnitten, daß sie nur etwa ein Viertel des Bodens bedeckt – wird links von der Mitte auf der Platte mit Pinhalter und Klebeband befestigt. Die Kerzen werden, ebenfalls mit Hilfe des doppelseitigen Klebebands, das auch zur Befestigung der Pinhalter verwendet wird, direkt auf die Platte geklebt; zuvor muß allerdings unbedingt die gefärbte Wachsschicht auf der Standfläche der Kerzen mit einem Messer entfernt werden, weil sie sich erfahrungsgemäß leicht von der Kerze löst.

Der Beerenzweig (in diesem Falle Liguster, den man vielfach in Hecken findet; man kann die Zweige aber auch kaufen) wird in der Mitte der Steckmasse plaziert und mit ausschwingenden Grün- und Kapgrünzweigen eingerahmt. In die Basis steckt man die Materialien mit den „ruhigen“ Formen: die (jeweils angedrahteten) Kugeldisteln, die Distelblätter, aus dem Ripsband gebundene Schleifen. (Die Kugeldisteln, die direkt auf dem Plattenboden liegen, können mit Heißkleber aus der Klebepistole befestigt werden.) Die verbleibenden Zwischenräume füllt man mit Moos aus.

Die langen, eleganten, cremefarbenen Kerzen und die „rustikale“ Terrakottaschale gehen hier eine harmonische Verbindung ein.

Wenig ist oft mehr. Für diese These spricht das – fast japanisch anmutende – Gesteck mit den exotischen (und daher etwas kostspieligen) Proteablüten.

Gesteck in Terrakottaschale
(Abb. Seite 48)

Material: Rechteckige, längliche Schale mit hohem Rand aus Terrakotta, Steckmasse, Kokosfaser, 3 lange, konisch geformte, cremefarbene Kerzen, Zweige von Korkenzieherhasel, blauer Wacholder, Kapgrün, einige Zapfen.
Durch die schmale, längliche Form der Schale kann dieses Gesteck gut auf der Fensterbank oder auf einer kleinen, schmalen Kommode stehen. Das Material ist zwar für die Adventszeit eher ungewöhnlich, doch gibt es heute aus Terrakotta nicht mehr nur die rustikalen Formen, wie wir sie aus Italien und anderen mediterranen Ländern kennen, sondern auch moderne, fast schon elegante Gefäße; sie werden vor allem aus Thailand importiert.
Die Steckmasse wird so zugeschnitten, daß sie genau die Schale ausfüllt, und mit Kokosfaser abgedeckt. Die vorher angedrahteten Kerzen werden in gleichen Abständen auf diesem Untergrund plaziert und festgesteckt. Die Korkenzieherhasel-Zweige sollen das Gesteck einrahmen, daher steckt man sie am Schalenrand in die Unterlage. Jetzt folgen die Wacholderzweige, die in ihrer Anordnung die Bewegungen der Haselzweige unterstreichen sollen. Das Kapgrün wird locker und in unterschiedlichen Höhen in die Basis gesteckt, dazwischen die angedrahteten Zapfen.

Gesteck mit Proteablüten
(Abb. Seite 49)

Material: Flache, runde Keramikschale, Steckmasse, Pinhalter, Klebeband, 1 dickere, hohe Kerze, verschiedene Grünarten, Korkenzieherhasel-Zweige, Kapgrün, 3 Proteablüten, Moos.
Die Steckmasse füllt nicht die ganze Schale aus, sondern wird nur so groß zugeschnitten, daß die Kerze direkt auf dem Boden der Schale stehen kann. Da die Schale flach ist, muß wieder ein mit Klebeband auf dem Boden befestigter Pinhalter für den notwendigen Halt der Steckmasse sorgen. Die Kerze wird ebenfalls mit Klebeband auf dem Boden der Schale befestigt; dazu wird vorher an der Kerzenunterseite die gefärbte Wachsschicht abgeschnitten, weil

Die unter dem Namen „Kapgrün" zusammengefaßten Zweige stammen von verschiedenen blühenden und grünen Sträuchern aus dem südlichen Afrika. Es gibt sie frisch oder getrocknet, teilweise gefärbt, einzeln oder als Bund im Blumenfachgeschäft.

diese sich sonst leicht ablöst. Die Grün- und die Korkenzieherhasel-Zweige werden nun so angeordnet und festgesteckt, daß sie die Kerze schön umrahmen. In die Basis kommen Kapgrün und Proteablüten. Noch vorhandene Lücken schließt man mit kurzen Grünbüscheln und Moos.

Duftendes Nikolausgesteck

(Abb. rechte Seite)

Material: Gugelhupfform, Steckmasse, Pinhalter, Klebeband, Moos, Korkenzieherhasel-Zweige, Zweige verschiedener Wacholderarten, Steckdraht zum Auffädeln, Perlen in verschiedenen Farben, Trockenfrüchte nach Wahl, Zimtstangen, Nüsse, evtl. kleine Äpfel.

Die Hälfte der Gugelhupfform wird im unteren Drittel mit Steckmasse ausgefüllt, die wiederum mittels Pinhalter und Klebeband am Boden befestigt werden muß. Die andere Hälfte legt man mit Moos aus. Beim Stecken beginnt man mit einem aufstrebenden Wacholderzweig, dann steckt man, der runden Form folgend, weitere Grün- und die Haselzweige in die Steckunterlage. Die Zwischenräume auf der Unterlage können mit etwas Grün oder auch Trockenfrüchten ausgefüllt werden. Jetzt werden die Trockenfrüchte und die Perlen auf unterschiedlich lange Drahtstücke gefädelt. Man beginnt am besten mit einer Zimtstange, die in das zu einer Schlaufe gelegte und festgedrehte Drahtende gesteckt wird; dann folgen im Wechsel die Früchte und Perlen, auch wieder (seitlich vom Draht durchstochene) Zimtstangen. Die fertigen „Spießchen" werden in der Mitte des Gestecks befestigt und so gebogen, daß sie sich der Anordnung der Zweige anpassen. Auf der Moosunterlage werden Nüsse, Zimtstangen und Trockenfrüchte dekorativ verteilt. Auch kleine Äpfel würden gut in dieses Arrangement passen.

Eine alte Gugelhupfform wurde hier zum unkonventionellen Steckgefäß für eine stimmungsvolle, vorweihnachtlich duftende Dekoration zum Nikolaustag.

Festschmuck für draußen und drinnen

Bisher war nur von Kränzen und Gestecken die Rede. Doch muß der vorweihnachtliche Schmuck keineswegs nur aus diesen beiden Formen bestehen. Festliche Sträuße, ein fantasievoller Wandschmuck, eine üppig gefüllte Bodenvase, eine Tischdekoration sind weitere Möglichkeiten, weihnachtliche Stimmung im Haus oder in der Wohnung zu verbreiten. Wer nicht viel Zeit und Geld investieren möchte, kann das sogar mit sparsamsten Mitteln erreichen. Ein Mistelzweig etwa oder ein kleines Arrangement verschiedener Zapfen, mit einem hübschen Band versehen und an eine Tür oder an die Wand gehängt, können sehr wirkungsvoll sein. Schnell läßt sich auch ein einfacher Tischschmuck „zaubern", indem man beispielsweise auf eine flache Schale zwei Kerzen stellt und drumherum kleine Äpfel, Nüsse und hübsche, teils vergoldete Zapfen arrangiert. Auch muß das Schmücken nicht auf die „gute Stube" beschränkt bleiben; schon draußen vor der Tür kann vorweihnachtliche Stimmung signalisiert werden – beispielsweise mit einem hübsch gesteckten Körbchen oder Blumenkasten vor dem Fenster. Immer öfter schmücken auch bei uns kleine, oft sehr fantasievoll gestaltete Kränze die Haus- und Wohnungstüren; in der Schweiz und den skandinavischen Ländern haben diese so einladend wirkenden Türkränze eine lange Tradition.
Die im folgenden gezeigten Beispiele sollen vor allem

als Anregung dienen. Lassen Sie Ihrer Fantasie freien Lauf – dann werden Ihnen mit Sicherheit noch viele Ideen kommen, wie Sie – auch mit einfachen Mitteln und ohne großen Zeitaufwand – eine vorweihnachtliche Atmosphäre im Haus oder in der Wohnung schaffen können.

Auch so kann ein Türkranz gebunden werden: jede Seite für sich, von oben nach unten und zur Mitte hin breiter werdend. Das Kranzende unten in der Mitte wird mit einer Schmuckschleife verdeckt.

Die einladend wirkenden Türkränze werden auch bei uns immer beliebter. Als Schmuck für diesen hier wurden nur Naturmaterialien verwendet.

So ein hübsch gestecktes Körbchen vor dem Fenster bringt weihnachtliche Stimmung auch nach draußen und sorgt für Farbe an grauen, tristen Wintertagen.

Türkranz mit Naturschmuck
(Abb. Seite 56)

Material: Draht- oder schmaler Strohreifen, Wickeldraht, Zypressengrün, Zapfen, Efeublätter, einige getrocknete Beerenzweige, kleine Proteablüten, grünes Satinband.
Eine Grundregel beim Türkranz ist, „unruhige" Formen (wie z.B. Rispen) mit runden, „ruhigen" Formen zu kombinieren. Durch diesen Kontrast werden die besonderen Eigenarten der unterschiedlichen Materialien hervorgehoben.
Beim Türkranz bleibt die Unterseite frei – er ist also nicht rundgebunden. Folglich ist die Vorgehensweise beim Binden die gleiche wie beim Tischkranz (siehe Seite 12). Bei dem abgebildeten Kranz wurde Zypresse als Grün gewählt. In den fertig gebundenen Kranz steckt man die verschiedenen Schmuckmaterialien, die – sofern sie keinen festen Stiel haben – angedrahtet werden müssen. An einer Stelle auf der Rückseite wird eine Drahtschlinge angebracht, durch die man das Aufhängeband ziehen kann. Auf der gegenüberliegenden Seite, unten, wurde hier eine Schmuckschleife aus grünem Satinband gebunden.

Weihnachtlich geschmückter Fensterkorb
(Abb. Seite 57)

Material: Länglicher Korb, ersatzweise Balkonkasten, Steckmasse, Zweige von Koreatanne, Kiefer, Zypresse, Thuja, Erlenzweige mit Zapfen, kleine Tannenzweige, Stechpalmenzweige (Ilex) mit Beeren, große, weiß-grüne Efeublätter, Fichtenzapfen, schmales rotes Band.
Falls nicht alle der angegebenen Grünzweige erhältlich sind, können Sie selbstverständlich auf andere Grünarten ausweichen und überhaupt ganz nach Geschmack variieren: beispielsweise mit Mistelzweigen, Kapgrün, Beerenzweigen oder bemoosten kleinen Ästen. Wichtig ist auch hier der Wechsel von unruhigen und „runden", ruhigen Formen.

Der Korb oder der Balkonkasten wird zuerst mit der Steckmasse ausgefüllt. Die verschiedenen Grünzweige müssen auf eine Länge von 15 bis 20 cm geschnitten, die Stiele unten mit einem Messer angespitzt werden. Mit dem Stecken beginnt man am Korbrand; die verschiedenen Zweige werden rundum so in die Unterlage gesteckt, daß sie hübsch über den Korbrand fallen. Danach erfolgt das Stecken von der Mitte nach außen. Auch hier werden die unterschiedlichen Zweige so aneinandergereiht, daß eine ausgewogene Gesamtform entsteht. Zum Schluß werden die angedrahteten Zapfen und rote Schleifen dazwischengesteckt.

Bei dem Fensterkorb beginnt man am Rand. Die verschiedenen Zweige werden rundherum so in die Unterlage gesteckt, daß sie hübsch über den Korbrand fallen.

Dann wird von der Mitte zu den Seiten hin weitergearbeitet, wobei die verschiedenen Grünarten immer im Wechsel verwendet werden.

Sehr dekorativ ist diese mit Zweigen mehrerer Grünarten gefüllte Bodenvase. Zusätzlicher Schmuck wurde nur sehr sparsam verwendet.

Eine fürwahr festlich geschmückte Kaffeetafel. In die Tischgirlande wurden verschiedene Trockenmaterialien und glänzende Goldfäden mit eingebunden.

Großer weihnachtlicher Strauß

(Abb. Seite 60)

Material: Aufstrebende und gebogene Flechtenzweige, verschiedenes Koniferengrün, Stechpalmenzweige mit roten Beeren, Efeuranken, rotes schmales Geschenkband, nach Belieben Goldfäden und weiteres Dekorationsmaterial.

Am besten gelingt der Strauß, wenn man die Zweige nacheinander in die linke Hand legt. Man beginnt mit den emporstrebenden Zweigen und nimmt nacheinander die anderen, immer im Wechsel, dazu. Die unterschiedlichen Höhen ergeben sich durch das in verschiedenen Längen geschnittene Material. Zum Schluß folgen die nach außen schwingend gebogenen Zweige. Die längeren Efeuranken werden in den Strauß hineingewunden. Damit seine Form erhalten bleibt, wird der fertige Strauß fest zusammengebunden. Dazu nimmt man Bast oder Schnur; bei einem großen Strauß mit sehr dicken Stielen empfiehlt es sich, Wickeldraht zu verwenden. Als Gefäß wurde hier eine kugelige Bodenvase mit einer nicht zu weiten Öffnung gewählt, in der der Strauß sehr gut steht. Geschmückt wird er mit rotem Band, nach Wahl auch mit Goldfäden und anderem Dekorationsmaterial.

Am besten gelingt der Strauß, wenn man die verschiedenen Zweige nacheinander in die linke Hand legt, die Stiele in eine Richtung laufend.

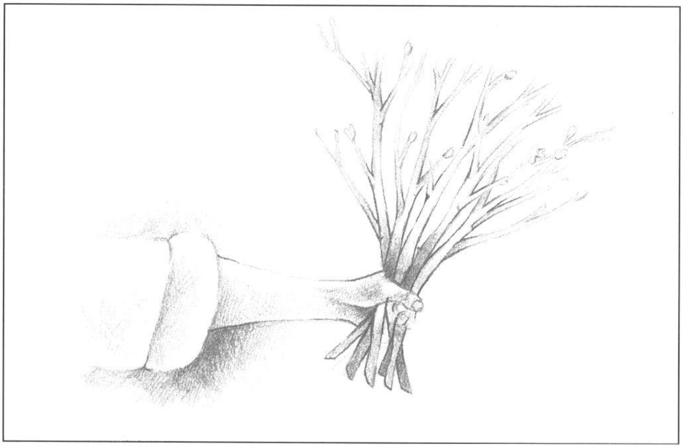

Festliche Tischgirlande
(Abb. Seite 61)

Material: Dünner Stab oder Schnur (Länge nach Bedarf), als Grün Tanne, Zypresse und Kiefer, außerdem Stechpalme (Ilex), Ähren, Gräser, Golddisteln, Goldfäden, goldfarbenes Satinband.
Eine Girlande wird entweder auf einen dünnen Stab gebunden oder – falls sie beweglich sein soll – auf eine feste Schnur. Die Grünzweige schneidet man auf 8 bis 12 cm Länge. Begonnen wird mit dem Tannengrün. Mit der linken Hand hält man die Schnur und das jeweils zu bindende Grün zusammen fest und wickelt den Draht zweimal darüber. Es folgen, in ausgewogenem Wechsel und immer in Gruppen verteilt, die Ähren, die verschiedenen Grünzweige, Stechpalmenzweige, die Gräser, Golddisteln und Goldfäden. Letztere sorgen für den festlichen Glanz.
Das Ende der Girlande wird fest zugebunden, die Stielenden des Grüns sauber abgeschnitten und der Wickeldraht „vernäht". An den Girlandenanfang sowie an das Ende werden Schleifen aus goldfarbenem Satinband gebunden.

Wem die Tischgirlande zu aufwendig erscheint, kann auch eine „kürzere" Version binden. Für diesen Tischschmuck wurde ein Stab genommen, auf den das Grün von beiden Enden zur Mitte hin gebunden wurde. Die Bindestelle in der Mitte wird von einer Kerze verdeckt. Das Arrangement kann mit allerlei Schmuck nach Belieben vervollständigt werden.

Damit Sie auch den Kranz vom Titel und das Gesteck auf Seite 5 nacharbeiten können, hier die Anleitungen:

Rot geschmückter Tischkranz
(Titelbild)

Material: Kranzkörper aus blauem Wacholder, Berberitzenzweige, 4 rote Stumpenkerzen, einige rote Keramikperlen, schmales rotes Band.
Die angedrahteten Kerzen werden in gleichmäßigen Abständen in den Kranz gesteckt. Beim Stecken der sehr stacheligen Berberitzenzweige empfiehlt es sich, Arbeitshandschuhe zu tragen. Sie werden zwar in der Richtung des gebundenen Grüns und der Rundung folgend in den Kranz gesteckt, doch sollte ihre Anordnung nicht allzu gleichmäßig, sondern eher zufällig wirken.
Die Perlen werden in größeren Abständen auf das Band gefädelt und jeweils durch Knoten auf beiden Seiten festgehalten. Das fertige Perlenband wird locker auf dem Kranz drapiert und an einigen Stellen mit Draht im Kranz befestigt.

Gesteck in flacher weißer Schale
(Abb. Seite 5)

Material: Flache Schale, 2 bis 3 Pinhalter, Klebeband, Zweige von Wacholder und Blautanne, Moos, 2 kleine Äpfel, Lärchenzapfen, getrocknete weiße Immortellen, Lärchenzweige.
Da die Grundfläche dieses Gestecks relativ groß ist, braucht man 2 bis 3 Pinhalter, um die Steckmasse gut befestigen zu können. Etwa in der Mitte des Gestecks befestigt man zuerst die angedrahtete Kerze. Dann, aufstrebend und nach außen schwingend, werden die Wacholderzweige angeordnet. Die etwas starren Blautannenzweige steckt man ziemlich flach nach außen. In eventuell verbliebene Zwischenräume und auf der Steckmasse um die Kerze herum befestigt man das Moos, darauf legt man die Äpfel. Die angedrahteten Lärchenzäpfchen und die getrockneten Immortellen werden in Gruppen um die Kerze und die Äpfel verteilt. Zum Schluß werden die Lärchenzweige an verschiedenen Stellen locker von innen nach außen gesteckt.